낭독하는 명작동화

Level 1

The Pied Piper of Hamelin

✦· 하멜른의 피리 부는 사나이 ·✦

새벽달(남수진) • 이현석 지음

Key Vocabulary

명작동화를 읽기 전에 스토리의 **핵심 단어**를 확인해 보세요. 내가 알고 있는 단어라면 체크 표시하고, 모르는 단어는 이야기를 읽은 후에 체크 표시해 보세요.

Story

Level 1의 영어 텍스트 수준은 책의 난이도를 측정하는 레벨 지수인 **AR(Accelerated Reader) 지수 0.9~1.5 사이로 미국 초등학생 1학년 수준**으로 맞추고, 분량을 **500단어 내외**로 구성했습니다.

쉬운 단어와 간결한 문장으로 구성된 스토리를 그림과 함께 읽어 보세요. 페이지마다 내용 이해를 돕는 그림이 있어 상상력을 풍부하게 해 주며, 이야기를 더욱 재미있게 읽을 수 있습니다.

Reading Training

이현석 선생님의 **강세와 청킹 가이드**에 맞춰 명작동화를 낭독해 보세요.

한국어 번역으로 내용을 확인하고 **우리말 낭독**을 하는 것도 좋습니다.

This Book

Storytelling

명작동화의 내용을 떠올릴 수 있는 **8개의 그림**이 준비되어 있습니다. 각 그림당 제시된 **3개의 단어**를 활용하여 이야기를 만들고 말해 보세요. 상상력과 창의력을 기르는 데 큰 도움이 될 것입니다.

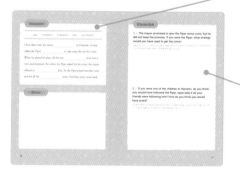

Summary

명작동화의 **줄거리 요약문**이 제시되어 있습니다. 빈칸에 들어갈 단어를 채워 보며 이야기의 내용을 다시 정리해 보세요.

Discussion

명작동화의 내용을 실생활에 응용하거나 비판적으로 생각해 볼 수 있는 **토론 질문**으로 구성했습니다. 영어 또는 우리말로 토론하며 책의 내용을 재구성해 보세요.

픽처 텔링 카드

특별부록으로 **16장의 이야기 그림 카드**가 맨 뒷장에 있어 한 장씩 뜯어서 활용이 가능합니다. 순서에 맞게 그림을 배열하고 이야기 말하기를 해 보세요.

QR코드 영상을 통해 새벽달님과 이현석 선생님이 이 책을 활용하는 가장 좋은 방법을 직접 설명해 드립니다!

Contents

Level 1

The Pied Piper of Hamelin

하멜른의 피리 부는 사나이

Key Vocabulary

- [ ] **rat**   쥐
- [ ] **mayor**   (일반 시민이 선출한) 시장
- [ ] **shout**   외치다
- [ ] **pipe**   피리
- [ ] **coin**   동전
- [ ] **drown**   물에 빠져 죽다
- [ ] **celebrate**   축하하다
- [ ] **promise**   약속
- [ ] **suffer**   고통받다
- [ ] **betray**   배신하다
- [ ] **panic(-panicked)**   겁에 질려 어쩔 줄 모르다
- [ ] **hill**   언덕
- [ ] **sob**   흐느껴 울다
- [ ] **silent**   고요한
- [ ] **kick out**   ~을 쫓아내다

There once was a town.
Its name was Hamelin.
Many people lived there.
Many rats lived there, too.
They were big and small.
They ran in the streets.
They climbed onto beds.
And they ate people's food.

People were angry.
They went to the mayor.
"Do something!" they shouted.
The mayor thought a lot.

One day, a man came.
He wore colorful clothes.
He had a pipe.
It was a magic pipe.

He went to the mayor.

"I can help," the man said.

"Who are you?" the mayor asked.

"I am the Piper," the man answered.

"The Piper? What can you do?" the mayor asked.

"You will see," the Piper said.

"Please, help us," the mayor said.

"Give me some coins," the Piper said.

"First, take the rats away," the mayor said.

The Piper played his pipe.
It had a nice melody.
He walked through the town.
The rats heard the song.
They liked his music.

They left people's houses.
They ran quickly.
They followed the Piper.
There were hundreds of rats.

The Piper stopped walking.
He arrived at a river.
The river was wide.
The Piper played on.

The rats did not stop.
They jumped into the water!
And they all drowned.

The Piper came back to the town.
The people were happy.
"No more rats!" a woman said.
"Our town is safe!" a man said.
The people thanked the Piper.

The town celebrated.
The Piper found the mayor.
"Sir, give me the coins," he said.
"No," the mayor said.
"You only played your pipe.
You did not do much. I cannot give you the coins."

The Piper was sad.
He was also angry.
"Keep your promise. The children may suffer," he said.
But the mayor said 'no.'

The Piper felt betrayed.

He gave help.

But the mayor did not.

The Piper made a plan.

He had another tune.

It was for children.

Morning came.

The Piper played the pipe.

The children heard the song.

It was soft and sweet.

The children went outside.

They followed the sound.

They were dancing and smiling.

"Tom, come back!" a man shouted.

"Jane, do not go!" a woman shouted.

The children did not stop.

They followed the Piper.

The Piper led them away.

They went far away.

The parents panicked.
They looked for their children.
They called for them.
But no one answered.

The Piper stopped.

There was a hill.

The hill had a door.

It opened wide.

The Piper went in.

The children followed him.

Then the door closed.

The parents found the hill.
But the door was gone.
The parents sobbed.
They missed their children.

The town was silent.
There were no children.
There was no laughter.

The mayor had to leave.
The people kicked him out.

The parents looked for the Piper.

"Piper! Where are you?" they shouted.

But the Piper was gone.

He never came back.

The children never came back, either.

Everyone in Hamelin was sad.
The people did not laugh.
They could not even eat well.
They always waited for their children.

◆ The Pied Piper of Hamelin

There **on**ce was a **town**.

Its **na**me / was **Ham**elin.

Many **peo**ple **li**ved there.

Many **rats** / **li**ved there, too.

They were **big** / and **small**.

They **ran** / in the **streets**.

They **climb**ed / onto **beds**.

And they **ate** / people's **food**.

People were **an**gry.

They **went** to the **ma**yor.

"**Do** something!" / they **shout**ed.

The **ma**yor / **thought** a **lot**.

One day, / a **man** came.

He **wore** / **co**lorful **clo**thes.

He **had** a **pi**pe.

It was a **ma**gic **pi**pe.

He **went** to the **ma**yor.

"I can **help**," / the **man** said.

"Who **are** you?" / the **ma**yor asked.

"I am the **Pi**per," / the **man** answered.

"The **Pi**per? / **What** can you **do**?" / the **ma**yor asked.

◆ 하멜른의 피리 부는 사나이

옛날에 한 마을이 있었습니다.
마을의 이름은 하멜른이었어요.
많은 사람들이 그곳에 살았습니다.
많은 쥐들도 그곳에 살았어요.
크고 작은 쥐들이 가득했습니다.
쥐들은 거리를 뛰어다녔어요.
사람들의 침대에 오르기도 했습니다.
그리고 사람들의 음식을 먹었어요.

사람들은 화가 났습니다.
그들은 시장을 찾아갔습니다.
"무언가를 하란 말이오!" 사람들이 외쳤어요.
시장은 고민을 많이 했습니다.

어느 날, 한 남자가 나타났습니다.
남자는 알록달록한 옷을 입고 있었습니다.
그는 피리를 가지고 있었어요.
그것은 마법의 피리였습니다.

그는 시장을 찾아갔습니다.
"제가 도울 수 있겠습니다." 남자가 말했습니다.
"자네는 누구인가?" 시장이 물었습니다.
"저는 피리 부는 사나이입니다." 남자가 대답했습니다.
"피리 부는 사나이? 자네가 무엇을 할 수 있지?" 시장이 물었어요.

"You will **see**," **/** the **Pi**per said.

"**Plea**se, **help** us," **/** the **ma**yor said.

"**Gi**ve me some **coins**," **/** the **Pi**per said.

"**Fir**st, **/** **ta**ke the **rats** a**way**," **/** the **ma**yor said.

The **Pi**per **/** **play**ed his **pi**pe.

It **had** a **ni**ce **me**lody.

He **walk**ed through the **town**.

The **rats** **/** **heard** the **song**.

They **li**ked his **mu**sic.

They **left** **/** people's **hou**ses.

They **ran quick**ly.

They **fol**lowed **/** the **Pi**per.

There were **hun**dreds **/** of **rats**.

The **Pi**per **/** **stop**ped **walk**ing.

He ar**ri**ved **/** at a **ri**ver.

The **ri**ver was **wi**de.

The **Pi**per **/** played **on**.

The **rats** **/** did **not stop**.

They **jump**ed **/** into the **wa**ter!

And they **all** **/** **drown**ed.

"보게 되실 겁니다." 피리 부는 사나이가 말했습니다.

"부디, 우리를 도와주게." 시장이 말했어요.

"저에게 동전을 좀 주신다면요." 피리 부는 사나이가 말했어요.

"우선, 쥐들을 없애 주게." 시장이 말했습니다.

피리 부는 사나이는 피리를 불었습니다.

아름다운 선율이 흘러나왔습니다.

피리 부는 사나이는 마을을 가로질러 걸었습니다.

쥐들이 그 노래를 들었어요.

쥐들은 사나이의 음악이 마음에 들었어요.

쥐들은 사람들의 집을 떠났습니다.

녀석들은 빠르게 달렸어요.

그리고 피리 부는 사나이를 따라갔습니다.

수백 마리의 쥐들이 있었습니다.

피리 부는 사나이는 걸음을 멈췄습니다.

그는 강가에 다다랐어요.

강은 넓었습니다.

피리 부는 사나이는 계속 피리를 불었어요.

쥐들은 멈추지 않았어요.

쥐들은 물속으로 뛰어들었어요!

그리고 쥐들은 모두 물에 빠져 죽었습니다.

The **Pi**per **/** came **back** to the **town**.

The **peo**ple were **hap**py.

"**No** more **rats**!" **/** a **wo**man said.

"Our **town** is **safe**!" **/** a **man** said.

The **peo**ple **thank**ed the **Pi**per.

The **town** **ce**lebrated.

The **Pi**per **/** **found** the **ma**yor.

"**Sir**, **/** **gi**ve me the **coins**," **/** he said.

"**No**," **/** the **ma**yor said.

"You **on**ly **play**ed your **pi**pe. **/** You did **not** **/** **do** much.

I can**not** **/** **gi**ve you the **coins**."

The **Pi**per was **sad**.

He was **al**so **an**gry.

"**Keep** your **pro**mise. **/** The **child**ren **/** may **suf**fer," **/** he said.

But the **ma**yor **/** said '**no**.'

The **Pi**per felt be**tray**ed.

He **ga**ve **help**.

But the **ma**yor **/** did **not**.

The **Pi**per **ma**de a **plan**.

He had a**no**ther **tu**ne.

It was for **child**ren.

피리 부는 사나이는 마을로 돌아왔어요.
사람들은 행복했어요.
"쥐들이 더 이상 없다!" 한 여자가 말했어요.
"우리 마을은 안전해!" 한 남자가 말했습니다.
사람들은 피리 부는 사나이에게 고마움을 표했어요.

마을은 축하를 벌였습니다.
피리 부는 사나이는 시장을 찾아갔어요.
"시장님, 저에게 사례금으로 동전들을 주십시오." 그가 말했습니다.
"그럴 수 없네." 시장이 말했습니다.
"자네는 단지 피리를 불었을 뿐이야. 자네는 큰일을 하지 않았네.
나는 자네에게 사례금을 줄 수 없어."

피리 부는 사나이는 슬펐습니다.
그는 화도 났어요.
"시장님, 약속을 지키셔야죠. 아이들이 고통받을 수도 있습니다." 그가 말했습니다.
하지만 시장은 '싫다네.'라고 말했어요.

피리 부는 사나이는 속았다고 느꼈습니다.
그는 도움을 제공했습니다.
하지만 시장은 아무것도 주지 않았지요.
피리 부는 사나이는 계획을 세웠습니다.
그에게는 다른 노래가 하나 더 있었습니다.
그 노래는 아이들을 위한 것이었어요.

Morning **ca**me.

The **Pi**per / **play**ed the **pi**pe.

The **child**ren / **heard** the **song**.

It was **soft** / and **sweet**.

The **child**ren **went** out**side**.

They **fol**lowed / the **sound**.

They were **dan**cing / and **smil**ing.

"**Tom**, / come **back**!" / a **man shout**ed.

"**Ja**ne, / do **not go**!" / a **wo**man **shout**ed.

The **child**ren / did **not stop**.

They **fol**lowed / the **Pi**per.

The **Pi**per / **led** them a**way**.

They went **far** a**way**.

The **pa**rents / **pa**nicked.

They **look**ed / for their **child**ren.

They **call**ed / for them.

But **no** one / **an**swered.

The **Pi**per **stop**ped.

There was a **hill**.

The **hill** / had a **door**.

It **o**pened **wi**de.

The **Pi**per / went **in**.

The **child**ren **fol**lowed him.

Then / the **door** / **clo**sed.

아침이 왔습니다.
피리 부는 사나이는 피리를 불었어요.
아이들이 그 음악을 들었습니다.
그 음악은 부드럽고 감미로웠어요.
아이들은 바깥으로 나갔습니다.
그리고 음악 소리를 따라갔습니다.
아이들은 춤을 추고 미소를 짓고 있었어요.

"톰, 돌아와!" 한 남자가 소리쳤습니다.
"제인, 가지 마!" 한 여자가 외쳤어요.
아이들은 멈추지 않았습니다.
그리고 피리 부는 사나이를 따라갔어요.
피리 부는 사나이는 아이들을 이끌고 떠났습니다.
그들은 멀리 가 버렸어요.

부모들은 패닉에 빠졌습니다.
그들은 아이들을 찾아 헤맸습니다.
그들은 아이들을 소리쳐 불렀습니다.
하지만 아무도 대답하지 않았습니다.

피리 부는 사나이는 걸음을 멈췄습니다.
거기에는 언덕이 하나 있었습니다.
언덕에는 문이 있었어요.
그 문이 활짝 열렸습니다.
피리 부는 사나이가 안으로 들어갔습니다.
아이들은 그를 따라갔습니다.
그리고 나서 문이 닫혔어요.

The **par**ents **/** **found** the **hill**.

But the **door** **/** was **gone**.

The **par**ents **/** **sob**bed.

They **miss**ed their **child**ren.

The **town** was **si**lent.

There were **no** **/** **child**ren.

There was **no** **/** **laugh**ter.

The **ma**yor had to **leave**.

The **peo**ple **/** **kick**ed him **out**.

The **par**ents **look**ed **/** for the **Pi**per.

"**Pi**per! **/** Where **are** you?" **/** they **shout**ed.

But the **Pi**per **/** was **go**ne.

He **ne**ver **/** came **back**.

The **child**ren **/** **ne**ver came **back**, **ei**ther.

Everyone in **Ha**melin **/** was **sad**.

The **peo**ple did **not** **/** **laugh**.

They could **not** **/** even **eat well**.

They **al**ways **wait**ed **/** for their **child**ren.

부모들은 그 언덕을 찾았습니다.
하지만 문은 사라진 채였습니다.
부모들은 흐느껴 울었습니다.
그들은 아이들이 보고 싶었습니다.

마을은 고요했습니다.
아이들이 없었어요.
웃음소리도 없었습니다.

시장은 떠나야 했습니다.
사람들이 그를 쫓아냈거든요.

부모들은 피리 부는 사나이를 찾아다녔습니다.
"피리 부는 사나이여! 어디에 있소?" 그들이 외쳤습니다.
하지만 피리 부는 사나이는 사라진 채였습니다.
그는 다시는 돌아오지 않았습니다.
아이들도, 다시는 돌아오지 않았습니다.

하멜른의 모든 사람들은 슬펐습니다.
사람들은 웃지 않았습니다.
그들은 심지어 잘 먹지도 못했어요.
그들은 아이들만 마냥 기다렸지요.

Part 1 ◆ p.8~15

town, Hamelin, rats

angry, mayor, shout

colorful, pipe, take away

follow, river, drown

coins, promise, plan

children, song, dance

hill, door, sob

look for, gone, wait

Summary

pay   children   followed   rats   promised

Once there were too many _____ in Hamelin. A man

called the Piper _____ to take away the rats for coins.

When he played his pipe, all the rats _____ him into a

river and drowned. But when the Piper asked for his coins, the mayor

refused to _____ him. So the Piper played another tune

and led all the _____ away. And they never came back.

Memo

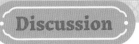

1 ◆ **The mayor promised to give the Piper some coins, but he did not keep the promise. If you were the Piper, what strategy would you have used to get the coins?**

시장은 피리 부는 사나이에게 사례금으로 동전들을 주겠다고 약속했지만, 지키지 않았어요. 여러분이 피리 부는 사나이라면 어떤 작전을 사용해서 사례금을 받아냈을 것 같나요?

2 ◆ **If you were one of the children in Hamelin, do you think you would have followed the Piper, especially if all your friends were following him? How do you think you would have acted?**

여러분이 하멜른의 아이들 중 한 명이라면 피리 부는 사나이를 따라갔을 것 같나요? 다른 친구들이 모두 따라가니까 똑같이 했을까요? 여러분이라면 어떻게 행동했을 것 같나요?

낭독하는 명작동화 Level 1
The Pied Piper of Hamelin

초판 1쇄 발행 2024년 8월 1일

지은이 새벽달(남수진) 이현석 롱테일 교육 연구소
책임편집 강지희 | **편집** 명채린 홍하늘
디자인 박새롬 | **그림** 오승만
마케팅 두잉글 사업본부

펴낸이 이수영
펴낸곳 롱테일북스
출판등록 제2015-000191호
주소 04033 서울특별시 마포구 양화로 113, 3층(서교동, 순흥빌딩)
전자메일 team@ltinc.net
롱테일북스는 롱테일㈜의 출판 브랜드입니다.

ISBN 979-11-93992-14-2 14740

The Pied Piper
of Hamelin

1

새벽달 X 이현석 낭독스쿨

The Pied Piper
of Hamelin

2

새벽달 X 이현석 낭독스쿨

The Pied Piper
of Hamelin

3

새벽달 X 이현석 낭독스쿨

The Pied Piper
of Hamelin

4

새벽달 X 이현석 낭독스쿨

The Pied Piper
of Hamelin

6

새벽달 X 이현석 낭독스쿨

The Pied Piper
of Hamelin

5

새벽달 X 이현석 낭독스쿨

The Pied Piper
of Hamelin

8

새벽달 X 이현석 낭독스쿨

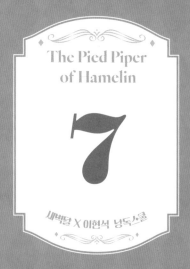

The Pied Piper
of Hamelin

7

새벽달 X 이현석 낭독스쿨

The Pied Piper
of Hamelin

10

새벽달 X 이현석 낭독스쿨

The Pied Piper
of Hamelin

9

새벽달 X 이현석 낭독스쿨

The Pied Piper
of Hamelin

12

새벽달 X 이현석 낭독스쿨

The Pied Piper
of Hamelin

11

새벽달 X 이현석 낭독스쿨

The Pied Piper
of Hamelin

14

새벽달 X 이현석 낭독스쿨

The Pied Piper
of Hamelin

13

새벽달 X 이현석 낭독스쿨

The Pied Piper
of Hamelin

16

새벽달 X 이현석 낭독스쿨

The Pied Piper
of Hamelin

15

새벽달 X 이현석 낭독스쿨